RECUEIL

DES

USAGES LOCAUX

De la Ville de Besançon

ET DES

RÈGLEMENTS RELATIFS A LA PROPRIÉTÉ BATIE

ÉDITÉ PAR

l'Association des Propriétés Immobilières

DE BESANÇON & DE SA BANLIEUE

BESANÇON

La SOLIDARITÉ, Imprimerie Coopérative

6 et 8, Rue Gambetta, 6 et 8

——

1914

PRÉFACE

La Commission Administrative de l'Association des
Propriétaires de Besançon, composée de M. PIDANCET,
Président; MM. DUVAL et MONNIER, Vice-Présidents;
M. MONTENOISE, Secrétaire général ; M. DOUSSAU,
Secrétaire-adjoint ; M. POUCHENOT, Trésorier ; MM.
COQUIARD, GUILLEMINOT, MAGDANEL, MAIRE, JAC-
QUIER, JEANNENEY, membres, a décidé à diverses reprises
de réunir les textes que l'on trouvera dans la présente
brochure. En 1914, MM. Pidancet, Maire et Jeanneney
ont fait des recherches, et c'est de leur collaboration,
approuvée par la Commission, qu'est né le présent
travail qu'ils ont tâché de rendre le plus complet
possible. Peut-être renferme-t-il quelques lacunes ; si
cela était nous prierions nos lecteurs de les signaler au
Président de la Commission Administrative.

INTRODUCTOIN

Indépendamment des textes qui forment nos Codes, indépendamment des lois générales, le propriétaire doit connaître les *usages locaux* de sa région et les *règlements* applicables, en vertu des pouvoirs de police du Maire, à la commune où se trouve situé son immeuble.

La présente brochure comble la lacune qui provenait du défaut de recueil récent renfermant les usages locaux et quelques règlements de notre ville qui peuvent intéresser les propriétaires. On consultera avec fruit le *Recueil* que fit éditer jadis sur les *arrêtés municipaux* M. Oudet, ancien maire de Besançon. Ce *Recueil*, déjà ancien, ne concernait pas seulement les propriétaires, mais tous les habitants de la ville ; notre but a été plus simple : nous n'avons eu en vue que l'intérêt direct des propriétaires d'immeubles bâtis et nous n'avons songé qu'à leur faciliter les recherches relatives à la réglementation spéciale des immeubles.

CHAPITRE I

Usages locaux relatifs aux réparations locatives

Les réparations locatives ou de menu entretien dont le locataire est tenu, s'il n'y a clause contraire, sont celles désignées comme telles par l'usage des lieux.

L'article 1754 du *Code Civil* cite :

Les réparations à faire :

Aux âtres, contre-cœurs, chambranles et tablettes des cheminées ;

Au recrépiment du bas des murailles des appartements et autres lieux d'habitation à la hauteur d'un mètre ;

Aux pavés et carreaux des chambres, lorsqu'il y en a seulement quelques-uns de cassés ;

Aux vitres, à moins qu'elles ne soient cassées par la grêle ou autres accidents extraordinaires et de force majeure dont le locataire ne peut être tenu ;

Aux portes, croisées, planches de cloison ou de fermeture de boutiques, gonds, targettes et serrures.

Il faut ajouter à cette énumération le *ramonage des cheminées* ; pour les écuries, *l'entretien des râteliers,* comprenant le remplacement des barreaux cassés, *les réparations aux crèches de bois* lorsque l'usure ne sera pas due à la vétusté complète, l'entretien des *voûtes intérieures des fours.*

Le locataire doit curer le puits dont il a pollué l'eau : ce n'est, à dire vrai, pas une réparation locative, mais plutôt la réparation d'un abus de jouissance.

Il serait fort utile de créer un usage constant pour diverses réparations qui se présentent fréquemment.

Nous citerons d'abord celles *des papiers peints.* Nous proposons que le locataire soit responsable durant six années lorsqu'il s'agira de papiers peints ordinaires. Conformément à l'usage de Paris, attesté par M. Fugairon, on devrait décider qu'un *papier cuir* doit durer neuf années.

En conséquence, le locataire sortant, qui a dégradé complètement un papier devra, pour la qualité ordinaire, verser les deux tiers au bout de deux ans, un tiers au bout de quatre ans. Pour le papier cuir ou autres analogues, il devra verser un tiers au bout de six ans, deux tiers au bout de trois ans, etc.

Nous ajouterons la *réparation des peintures.* Le locataire devrait réparer le plafond noirci si l'occupation des locaux n'a pas duré trois ans au moins. La réparation devrait s'entendre d'une réfection complète.

Toute peinture doit durer dix ans au moins : le locataire sortant devrait être contraint à faire les raccords et le lessivage complet s'il n'a pas occupé les locaux durant dix ans.

Pour les *parquets* le locataire, qui les a reçus encaustiqués et cirés, devrait être tenu de les rendre en semblable état, c'est-à-dire encaustiqués et cirés : *c'est là un usage à introduire.*

L'entretien des jalousies est à la charge du locataire lorsqu'il les dégrade. Il doit le remplacement des cordes. *On devrait, à cet égard, être strict et introduire l'usage d'après lequel le locataire devrait la réparation des lames et des chaînes* lorsqu'il n'a pas fait spécifier par un procès-verbal d'état des lieux que les jalousies étaient en mauvais état à son entrée dans le logement ou l'appartement.

Le locataire d'un magasin devrait avoir à sa charge l'entretien des volets, contrevents, lambris et fermetures. Pour les fermetures en fer, il faut introduire l'usage aux termes duquel le locataire doit prendre soin des engrenages, les graisser chaque mois, en assurer le fonctionnement régulier.

Le locataire devrait avoir à sa charge toutes réparations aux éviers.

Pour les arbres, arbustes plantés par le locataire dans les jardins, il faudrait introduire l'usage d'après lequel ces arbres ou arbustes deviendraient, sans indemnité, la propriété du bailleur, même si celui-ci avait livré un terrain sans arbres ni arbustes. A défaut d'un usage de ce genre, il faudrait au moins régler la valeur des arbres ou arbustes par une coutume fixant le prix de chacun d'eux d'après les espèces.

CHAPITRE II

Congés

Les délais des congés sont les suivants :

Quinze jours pour les locaux loués *en garni ;*

Six semaines pour les baux de chambres ou appartements dont le prix annuel de location ne dépasse pas 100 francs ;

Trois mois pour les baux de locaux loués au-dessus de 100 francs par an, mais au-dessous de 400 francs ;

Six mois pour les baux de locaux d'habitation à partir de 400 francs par an, et pour les magasins ou boutiques, quel que soit le prix annuel moyennant lequel la location est faite.

La date des congés lorsqu'il n'existe qu'une location verbale n'est pas fixée par un usage jusqu'ici précis. Le congé peut donc être donné à toute époque.

Nous rappelons que, *par une délibération prise en assemblée générale, les Sociétaires de notre Associa-*

tion des Propriétés immobilières ont décidé de n'accepter les congés que pour deux dates : 1ᵉʳ avril et 1ᵉʳ octobre. Si cet usage pouvait être général le service des locations serait de beaucoup facilité et les fériations seraient moins nombreuses. Les locataires, de leur côté, y trouveraient un grand avantage. En ce qui concerne les locaux loués avec de petits jardins les difficultés qui se présentent actuellement au sujet de la culture des jardins disparaîtraient puisque le locataire entrant en avril cultiverait le sol et en aurait tous les produits.

Nous engageons fortement les propriétaires de Besançon à n'accepter les congés que pour le 1ᵉʳ avril ou le 1 ʳ octobre.

CHAPITRE III

Titre I

Règlement de voirie du 18 février 1884

ARTICLE PREMIER. — Il est défendu : 1° de bâtir, démolir, réparer ou modifier d'une manière quelconque les façades et les clôtures bordant, à une distance moindre de deux mètres, la voie publique ;

2° D'établir ou de réparer la chaussée, les pavés, les trottoirs, les seuils, les marches, les cors de descente et les culières, les soupiraux de caves, les devantures de boutiques, les enseignes, les écussons et panonceaux, les tentes, les volets, les persiennes ; de faire des prises d'eau ou de gaz, et généralement de toucher à ce qui fait front ou saillie sur la voie publique ou lui appartient, le tout sans en avoir obtenu la permission écrite du Maire.

ART. 2. — A cet effet, le propriétaire, le locataire ou toute autre personne intéressée, devra présenter au Maire une pétition avec plan, coupe et élévation et cotes principales de l'œuvre qu'il projette ; il indiquera l'usage auquel est destiné le bâtiment.

La pétition et les pièces à l'appui devront être en double exemplaire, dont l'un sur papier timbré.

Le pétitionnaire pourra faire constater le dépôt de sa demande par un récépissé du Maire.

Avis lui en sera donné de la décision intervenue, dont il devra prendre connaissance au Secrétariat de la Mairie et de laquelle il lui sera, sur sa demande, remis une expédition sur le vu de la quittance des droits de Voirie et moyennant paiement, s'il y a lieu, des frais de timbre de cette expédition.

Les travaux ne devront être commencés qu'après acquittement de ces droits, dont la quittance devra être représentée à toute réquisition des agents de la Voirie et de la Police.

ART. 3. — Si, dans le délai de vingt jours, le Maire n'a pas répondu au pétitionnaire, celui-ci aura le droit de passer outre en justifiant de l'expiration de ce délai par la présentation du récépissé ci-dessus mentionné, sans cependant se prévaloir de ce fait pour exécuter des choses en contravention avec le présent règlement.

Si, dans le délai d'un an à partir de la permission, le constructeur n'a pas exécuté les travaux, il devra, pour les faire, se pourvoir d'une nouvelle permission.

ART. 4. — Il est défendu d'élever une façade à plus de 60 centimètres au-dessus du sol sans avoir demandé et obtenu du Contrôleur- voyer un certificat qui atteste que le constructeur s'est conformé rigoureusement à l'alignement et au nivellement prescrits par le Maire.

Le récolement devra être donné dans le délai de cinq jours ; après ce délai, le pétitionnaire pourra passer outre en se conformant scrupuleusement aux prescriptions de l'autorisation.

ART. 5. — Toutes les faces d'un bâtiment, quelles qu'en soient l'importance et la destination et sous réserve des prescriptions contraires, imposées par le service du Génie militaire, seront construites en matériaux incombustibles. Ces constructions seront disposées de manière à se soutenir sans avoir besoin du secours d'aucune pièce de bois, même pour arrière-couvertes.

ART. 7. — Toute façade, ancienne ou nouvelle, doit être disposée de manière à se soutenir par elle-même, sans avoir besoin de l'appui des façades voisines.

ART. 8. — En cas de démolition d'une façade ou d'une maison, le constructeur devra avertir ses voisins

15 jours au moins à l'avance, afin que ceux-ci puissent prendre les précautions nécessaires.

Art. 9. — Les murs mitoyens ne pourront avoir moins de 0^m60 centimètres sur toute la hauteur des bâtiments.

Art. 10. — Il est défendu de faire aucune espèce de construction sur un terrain sujet à être occupé par la voie publique ensuite d'un alignement autorisé.

Art. 11. — Tous ouvrages confortatifs sont interdits dans les constructions dépassant l'alignement tant aux étages supérieurs qu'au rez-de-chaussée.

Sont compris notamment dans cette interdiction :

Les reprises en sous-œuvre, les poses de tirants, d'ancres ou d'équerres et tous ouvrages destinés à relier le mur de face avec les parties situées en arrière de l'alignement ;

L'emploi du ciment dans l'épaisseur des maçonneries ;

Les percements et agrandissements d'ouverture ; s'ils sont en nombre suffisant pour nécessiter la réfection d'une partie importante de la façade (Arrêté du 22 février 1888 ;

La démolition et la reconstruction de tout ou partie d'un étage.

Art. 12. — Peuvent être autorisés pour les constructions dépassant l'alignement :

Les crépis ou rejointoiements ;

L'exhaussement des façades au-dessus du 1er étage avec enlèvement de la corniche ;

La réparation partielle ou totale des recouvrements des murs de clôture ;

L'établissement d'une devanture de boutique au-devant de la baie existante ;

Les ouvertures et modifications de baies sauf à imposer les conditions nécessaires pour empêcher la consolidation du mur (Arrêté du 22 février 1888).

Art. 13. — Ces exceptions ne seront autorisées qu'autant que les murs et façades auront été reconnus en bon état, qu'ils ne présenteront pas de surplomb de plus d'un quart de leur épaisseur, de crevasses, ni de ventre résultant de la disjonction des parements.

Art. 14. — Tout propriétaire autorisé à faire une réparation dans les conditions prévues par les articles 11 et 12, doit indiquer d'avance, à l'autorité municipale, le jour où les travaux seront commencés. L'Administration désignera, lorsqu'elle le jugera convenable, ceux des travaux qui ne devront être exécutés qu'en présence de ses agents.

Art. 15. — Il est interdit de revêtir de bois ou de planches nues l'extérieur de tous bâtiments. Les revêtements de ce genre, actuellement existants, ne pourront être réparés, ni remplacés.

Art. 16. — Les toitures ne pourront être faites qu'en matériaux incombustibles. (Voir règlement sanitaire, art. 9, 10 et 11 pour les articles abrogés.)

Art. 20. — En cas d'exhaussement des façades sujettes à retrait, la hauteur sera, dans les limites prévues par l'article 17, proportionnée à la largeur actuelle de la rue, et non à la largeur fixée par l'alignement légal.

On ne pourra, pour lesdits exhaussements, bénéficier des dispositions prévues par les articles 18 et 19.

Art. 21. — La hauteur des pignons séparatifs ou murs mitoyens est limitée par le périmètre du comble.

Art. 22. — Aucun étage n'aura moins de 2ᵐ60 de hauteur entre plancher et plafond.

Art. 23. — Le périmètre des combles est délimité :

1° Pour les bâtiments ayant 14 mètres de profondeur, par une demi-circonférence de 7 mètres de rayon, ayant son centre à hauteur des façades ;

2° Pour les bâtiments de plus de 14 mètres de profondeur, par deux arcs de cercle de 7 mètres de rayon et raccordée par une couverture plate tangente, ayant au maximum 0ᵐ15 centimètres de pente par mètre ;

3° Pour les bâtiments ayant moins de 14 mètres de profondeur, par deux arcs de cercle de 7 mètres ;

4° Pour les bâtiments adossés à un mur mitoyen, par un arc de cercle de 7 mètres de rayon, puis, par un plan incliné de 0ᵐ15 centimètres pour cent, tangent à cet arc de cercle et prolongé jusqu'à la rencontre du mur mitoyen ;

5° Pour les bâtiments ayant façade sur deux rues et de différentes hauteurs le périmètre sera tracé par deux arcs de cercle ayant un rayon de 7 mètres (ayant leurs centres respectifs à hauteur des façades) et réunis par une ligne droite.

ART. 24. — La construction d'un étage sous comble, avec façade en parpaing ou brisés en charpente, est permise pourvu que toutes les parties de cet étage soient comprises dans le périmètre autorisé.

ART. 25. — Il est permis d'établir, en saillie, sur le périmètre du comble, des louvres ou lucarnes, dont les dimensions maxima ne pourront dépasser 2^m80 en hauteur et 1^m60 en largeur prises extérieurement ; ne sont pas comprises dans ces dimensions les saillies des corniches, consoles et autres ornements. Ces louvres et lucarnes devront être séparés par des sections de combles présentant une largeur au moins égale à celle des dits ouvrages. Les joues de ces derniers seront recouvertes de métal.

Les vitrages d'atelier de plus grande largeur que celle fixée précédemment, ne pourront dépasser le périmètre du comble.

Les frontons et pignons ne pourront dépasser la hauteur légale des façades. Il ne pourra être établi aucun clocheton sur les combles sans une autorisation spéciale du Maire.

ART. 26. — Tout versant de toit faisant face à la voie publique devra être muni d'un chéneau et d'un tuyau de descente pour conduire les eaux pluviales garnis d'une grille en fer, à jours de 4 centimètres, dans les gargouilles, pour les rues dépourvues d'égout.

ART. 27. — Les culières ou gargouilles placées sur la voie publique seront établies conformément aux dimensions et modèles donnés par l'Administration municipale.

ART. 28. — Il est défendu de laisser couler sur la voie publique les eaux ménagères, les purins et tous liquides autres que les eaux pluviales et d'appliquer aux façades des tuyaux de concession d'eau et de gaz et de placer dans la chaussée les robinets d'arrêt de ces conduites de gaz.

ART. 29. — Toute maison, dans une rue pourvue d'égout, devra être pourvue d'un branchement destiné à conduire à cet égout les eaux pluviales et les eaux ménagères de cette maison ;

Les parois de ces branchements devront être imperméables ;

Les dimensions et les dispositions de la portion de ce branchement située sous la voie publique seront fixés par l'Administration.

ART. 30. — Les entrées de caves établies dans le sol de la rue sont interdites. Les trapons existants seront supprimés.

ART. 31. — Les soupiraux de caves, en avant des façades, seront à fleur de la chaussée ou des trottoirs, garnis d'une grille en fer à jour de 4 c.m. et ne faisant saillie que de 0^m15 centimètres au-devant des seuils ou socles.

ART. 32. — Les grands balcons ne sont permis que dans les rues ne mesurant pas moins de 7 mètres de largeur, et seulement pour les maisons ne présentant pas de saillie sur l'alignement.

Ces balcons ne pourront être établis qu'à 4 mètres 30 centimètres au moins au-dessus du sol. Toutefois, cette hauteur pourra être réduite à 3 mètres 50 centimètres dans les rues munies de trottoirs, mais la saillie du balcon, limitée à l'article 40, ne saurait, dans tous les cas, dépasser la largeur de ce trottoir.

Les consoles pourront descendre à 0^m80 centimètres en contrebas de la hauteur assignée au balcon. La pose de cariatides au-dessus et au-dessous des balcons pourra être autorisée exceptionnellement sous les conditions que l'Administration jugera nécessaire d'imposer.

ART. 33. — Les dispositions de l'article 32 sont applicables aux auvents de boutiques ou marquises.

Ces auvents ne pourront être construits qu'en bois ou en métal.

ART. 34. — Les tentes mobiles ne seront autorisées que dans les rues munies de trottoirs : elles ne devront jamais dépasser la largeur de ces derniers. Leur saillie maxima sera de 1^m50 centimètres et la hauteur des parties basses de 2ᵐ30 centimètres au moins au-dessus du trottoir.

Cette hauteur sera portée à 2ᵐ50 centimètres dans les rues soumises au régime de la Grande Voirie.

Dans les rues de moins de 6 mètres de largeur, la saillie de la tente ne pourra être que du sixième de la largeur de la rue.

Art. 35. — Les lanternes, attributs ou panonceaux ne pourront être établis qu'à 3ᵐ50 centimètres au moins au-dessus du trottoir et à défaut de ce dernier, à 4ᵐ30 centimètres au-dessus du sol de la rue.

Art. 36. — Tous les ouvrages prévus par les articles 32, 33, 34 et 35 seront établis aux risques et périls des propriétaires, qui ne pourront exercer aucun recours pour bris ou fractures occasionnées par le passage des voitures.

Art. 37. — Contrairement aux dispositions de l'article 15, il est permis d'établir, sur la hauteur du rez-de-chaussée, des devantures de magasin en menuiserie reposant sur socles en pierre. Cette hauteur ne pourra être dépassée que sur une autorisation spéciale du Maire.

Art. 38. — Les marches d'escaliers ne pourront dépasser l'alignement du socle des façades.

Toutefois, lorsque l'escalier sera compris entre des colonnes ou pilastres et qu'il leur sera immédiatement contigu, la première marche pourra être établie à l'alignement de ces motifs de décoration.

Les seuils des devantures de magasin ne devront dans aucun cas dépasser la saillie tolérée pour les socles de ces devantures.

Art. 39. — Il est défendu de faire développer sur la voie publique les portes, volets, persiennes établis au rez-de-chaussée, à l'exception des fermetures de magasins et des persiennes en fer se repliant dans l'épaisseur du tableau.

Art. 40. — La nature et la dimension maxima des saillies autorisables sont fixées ci-après, la mesure des saillies étant toujours prise sur l'alignement de la façade, c'est-à-dire à partir du nu du mur au-dessus de la retraite du soubassement.

ART. 41. — Il est défendu de remplacer ou de réparer les marches, bornes, entrées de cave et tous ouvrages en saillie non autorisée sur les alignements et placés sur le sol de la voie publique. En cas de construction de trottoirs ou de réfection de la chaussée, ces ouvrages seront, sur l'invitation du Maire, immédiatement enlevés par les soins du propriétaire et à ses frais.

ART. 43. — Il est défendu d'adosser aux murs de façade ou de pratiquer dans leur épaisseur des tuyaux de cheminées.

On ne pourra encastrer les cheminées dans le mur mitoyen à plus du tiers de l'épaisseur du mur lors de sa construction, et nul encastrement ne pourra être fait ultérieurement.

ART. 44. — 1° Toutes les cheminées, tous les poëles et autres appareils de chauffage doivent être établis et disposés de manière à éviter les dangers de feu et à pouvoir être facilement nettoyés ou ramonés.

2° Il est interdit d'adosser des foyers de cheminées, des poëles et fourneaux à des cloisons dans lesquelles il entrerait du bois, à moins de laisser entre le parement extérieur de ces tuyaux ou foyers et les cloisons, un espace de 0^m16 au moins.

3° Les foyers de cheminées et les poëles fixes ne doivent être posés que sur des voûtes en maçonnerie ou sur des trémies en matériaux incombustibles.

La longueur des trémies sera au moins égale à la largeur du vide de la cheminée plus la moitié des jambages.

Leur largeur sera d'au moins 0^m80 à partir du fond du foyer jusqu'au chevêtre.

4° Il est interdit de poser les bois des combles et des poutrages à moins de 0^m16 de toute face intérieure des tuyaux de cheminées et autres foyers.

5° Les languettes de tuyaux devront être de 0^m05 d'épaisseur au moins.

6° Les tuyaux de cheminée ou canaux de fumée seront construits en briques ou formés de tuyaux en terre cuite, grès ou fonte ; ils devront avoir des angles intérieurs arrondis et ne pourront dévier de la verticale de manière à former avec elle un angle de plus de 30 degrés. Les tuyaux d'une section moindre de 0,45 × 0,22 devront être pourvus d'une porte de ramonage à leur partie supérieure et d'un accès facile.

7° Les mitres en plâtre sont interdites.

8° Les fourneaux potagers doivent être disposés de telle sorte que les cendres qui en proviennent soient retenues par des cendriers fixes ou mobiles, en matériaux incombustibles et ne puissent retomber sur des planchers.

9° Les poëles mobiles devront reposer sur une plateforme en matériaux incombustibles d'au moins 0^m20 de saillie en avant de l'ouverture du foyer.

ART. 45. — La hauteur des têtes de cheminées sera au moins d'un mètre au-dessus du versant du comble, mesure prise à la face de derrière.

ART. 46. — Il sera pourvu par l'Administration municipale, et selon les circonstances, aux dispositions spéciales à prescrire pour les cheminées des usines, des boulangeries, des ateliers et de tous les établissements qui exigent un feu continu, actif ou exceptionnel.

ART. 47. — Les fours industriels seront établis de façon à éviter tous dangers d'incendie. Ils ne pourront fonctionner sans avoir été visités par un agent de l'Administration qui dressera procès-verbal de sa visite et donnera l'autorisation de mise en fonction.

ART. 48. — Tous fours devront être isolés des murs mitoyens par un vide d'au moins 0^m50.

ART. 49. — Les frais de premier établissement des trottoirs seront de moitié à la charge des propriétaires.

ART. 50. — Lorsque des étables et écuries seront adossées à un mur mitoyen, celui-ci devra être garanti par un contre-mur en maçonnerie imperméable, ayant au moins 0^m30 d'épaisseur et 0^m70 dehors du sol, avec fondation de 0^m30. Les fosses à fumier ou d'aisances seront également pourvues de contre-murs adossés aux murs mitoyens dans les mêmes conditions d'épaisseur et de fondation.

ART. 51. — Aucune rue, aucun chemin public ne peuvent être établis sur des propriétés particulières sans que l'autorisation en ait été accordée et sans que l'alignement de la nouvelle voie ait été arrêté par l'autorité compétente.

Les particuliers qui voudront ouvrir une rue ou chemin public sur leur terrain, seront tenus d'adresser au Maire leur demande accompagnée du plan des lieux et du devis des travaux à exécuter.

Ils devront en outre : 1° s'engager à affecter irrévocablement et à perpétuité, au service public, le sol de la nouvelle voie et en consentir l'annexion au domaine municipal ; 2° justifier de la soumission de tous les propriétaires riverains de la nouvelle voie à l'exécution des lois et règlements relatifs à la Voirie ; 3° s'engager à pourvoir à l'écoulement des eaux.

Les conditions particulières seront déterminées par l'arrêté d'autorisation.

La demande sera instruite et il y sera statué en la forme administrative par l'autorité compétente.

ART. 52. — Les particuliers qui voudront ouvrir au public un simple passage sur leurs propriétés, seront également tenus de demander l'autorisation au Maire, qui statuera sur la demande, et, s'il y a lieu d'y faire droit, fixera les conditions que l'état des lieux et les besoins de la circulation rendront nécessaires.

, ART. 53. — Toute rue, tout chemin ou passage livrés au public par des particuliers sur leurs propriétés, sans avoir accompli les formalités qui précèdent et sans avoir obtenu l'autorisation, pourront être interdits. Il sera pourvu par arrêté municipal aux mesures qui seront nécessaires pour en assurer la clôture.

ART. 55. — La profondeur des fondations d'un bâtiment qui ne reposeront pas sur le rocher, ne pourra être moindre de 3 mètres au-dessous du niveau du sol de la rue, à l'exception des murs de clôture et des soubassements des grilles.

ART. 56. — Toutes les façades des maisons cu murs bordant la voie publique seront construites en pierre de taille de grand appareil, taillées avec soin, avec ciselures encadrant le parement (ceci est illégal).

Lorsqu'il s'agira d'exhausser des façades construites en moellons ou d'élever des façades ou des murs sur des ruelles mesurant moins de 4 mètres de largeur, l'Administration pourra autoriser l'emploi de matériaux de petit appareil, smillés en parement, dont les assises mesureront seulement 0ᵐ25 de hauteur.

Art. 57. — L'épaisseur des façades sur la voie publique mesurera au moins 0ᵐ60 au rez-de-chaussée et 0ᵐ50 aux étages.

Toutefois, l'étage supérieur établi en attique au-dessus de l'entablement, en retrait de la façade, pourra être construit en parpaing de 0ᵐ25 au moins d'épaisseur.

Enfin, lorsqu'un terrain n'aura pas plus de 3 mètres de profondeur moyenne en arrière de l'alignement, le Maire pourra autoriser la construction de la façade en parpaing comme ci-dessus, sur 8 mètres de hauteur au plus.

Art. 58. — Il est permis d'employer dans les façades en pierre, à titre de décoration, le marbre, le métal, la brique, la terre cuite et la faïence.

Art. 59. — Les façades construites en retrait de de moins de deux mètres de l'alignement seront établies de la même manière que si elles bordaient la voie publique, à l'exception des dispositions particulières aux saillies.

Art. 60. — Il est défendu de badigeonner ou peindre les façades en pierre de taille et d'y peindre des enseignes.

Art. 61. — Les façades en pierre de taille seront nettoyées. Les anciennes en mœllons seront crépies, repeintes ou badigeonnées au moins une fois tous les dix ans. Ces travaux ne seront pas taxés de droits de Voirie.

Art. 62. — La tête du mur mitoyen sur rue sera de 5 centimètres au moins en retrait de l'alignement.

Art. 63. — Tous murs de clôture entre voisins doivent avoir 2ᵐ80 de hauteur, mesure prise au-dessus du sol le plus élevé.

Art. 64. — Toute maison devra être pourvue d'une fosse d'aisances en maçonnerie, suffisamment spacieuse, étanche, voûtée, avec tampon de vidange et tuyau d'évent de 0ᵐ20 de diamètre, s'élevant suffisamment au-dessus du toit pour satisfaire aux conditions d'hygiène et de salubrité.

L'Adminstration municipale statuera sur l'emploi d'appareils dits fosses mobiles ou autres.

ART. 65. — Il est défendu de faire la vidange d'une fosse sans y avoir préalablement jeté, en quantité suffisante, une matière que l'Administration aura reconnue être désinfectante, ou sans employer des appareils qui atteignent le même but.

ART. 66. — Il est défendu d'établir des fumiers ou dépôts d'immondices, à ciel ouvert à moins de 15 mètres d'une habitation. Ces dépôts ne devront s'opérer que dans des fosses étanches.

Ces dernières, si elles sont établies à moins de 15 mètres des habitations, devront être voûtées et munies d'un tuyau d'évent de hauteur suffisante et de 0^m20 de diamètre.

ART. 67. — Nulle porte de sortie, nul jour direct sur la voie publique ne sont permis pour les places à fumier et les cabinets d'aisances.

ART. 68. — Toutes salles de cafés et de cabarets, et généralement les établissements destinés à des réunions publiques, auront un placard ou un cabinet contigu où sera établi un urinoir, soit sur fosse d'aisances, soit sur un appareil de fosse mobile. Les cafés, cabarets et établissements destinés aux réunions publiques qui, dans un délai de six mois, ne seront pas dans les conditions déterminées, devront être fermés.

TITRE II

Ordonnances de 1688

Confirmées par déclaration du Roi du 4 Janvier 1740

XVII

Celui qui voudra rehausser lesdits murs (mitoyens) pour bâtir dessus, il le pourra à ses frais pour marque de quoi il mettra en iceux, au bas du rehaussement et du côté de son voisin, des bouchots à droit et à l'envers, abouchés l'un sur l'autre, afin que si à la suite du

temps, le voisin veut prendre fermance dans ledit rehaussement, il en paie la moitié, à proportion de la fermance qu'il y prendra.

XXIV

Lorsqu'entre deux voisins il s'y trouve une galendure de bois, de plâtre ou de briques, et que l'un voudra en place faire construire une muraille à chaux et arène, il le pourra, et le voisin sera obligé de fournir la moitié de la dépense et le parmiterre, avec cette réserve que celui contre le gré duquel tel ouvrage sera fait, aura terme suffisant pour faire le remboursement de ladite moitié, selon qu'il sera réglé par le magistrat, si les parties n'en conviennent.

LVI

Les bouchots et autres marques de distinction du droit des parties ès-murailles et autres lieux dont il est parlé ci-devant, seront tels qu'ils seront décrits aux articles suivants, pour éviter toutes les difficultés qui pourraient arriver faute de telle connaissance.

LVII

Un bouchot est une pierre plate, épaisse d'environ trois à quatre pouces, faisant un quart de rond à l'extrémité qui doit paraître en dehors, et sortant de la muraille d'environ un demi-pied.

LVIII

Si le bouchot est renversé et le quart de rond en haut, c'est une marque que le voisin, du côté qu'il est, n'a rien dans la muraille, ni au fond sur lequel elle est bâtie, dès ledit bouchot en bas, de même que lorsqu'il est à ras de terre.

LIX

Si sur un bouchot il y en a un autre abouché, en sorte que les deux ensemble fassent un demi-rond, le voisin du côté qu'il est n'a rien dans la muraille dès le bouchot en haut.

LX

Lorsque, sur un bouchot entier renversé, il y a la moitié d'un autre bouchot dessus, le voisin du côté qu'il est n'a qu'un quart dans la muraille.

LXI

S'il n'y a aucun bouchot dans la muraille, cela dénote qu'elle est commune.

LXIII

Les enfonçures anciennes poussées jusqu'au milieu des murailles, marquent qu'elles sont communes.

LXV

Il est défendu à tous maçons ou autres d'arracher ou faire arracher des bouchots, non plus que de les faire couper, si ce n'est du consentement de toutes parties, ou qu'il soit ainsi ordonné par justice : de même que de changer toute marque distinguant le droit des parties ; le tout à peine arbitraire.

Titre III

Etalages et Occupations diverses de la voie publique

Règlement

Art. 6 *bis*. — Il est permis d'élever, dans l'intérieur des cours et jardins, des petits bâtiments de dépendances en construction dite poteaux en bois et maçonnerie de meplissage exécutée en briques ou rocaillage à ciment ayant 0ᵐ11 d'épaisseur minimum, destination exclusive de bureaux, ateliers, hangars et entrepôts. La distance de ces constructions à la voie publique ne pourra être inférieure à dix mètres, mesure prise depuis la façade la plus rapprochée.

Art. 6 *ter*. — Les entrepôts destinés au commerce des fourrages devront être construits en maçonnerie sur deux faces au moins, avec serrure de fermeture en persiennes pour les deux autres côtés. Ils seront éloignés d'un distance de trente mètres de la voie publique et de toute habitation.

Un mur de clôture de deux mètres d'élévation bordera leur enceinte. (Délibération du 13 février 1889, arrêté du 1ᵉʳ octobre 1889.

Entrepôts sur la voie publique

ART. 42. — Toute occupation de la voie publique par des matériaux de construction, échafaudages, bancs, tables, caisses, tonneaux, meubles, étalages d'étoffes ou autres objets ou marchandises, ne pourra, en dehors des prescriptions déjà édictées, avoir lieu sans une autorisation écrite du Maire.

Les étalages des marchandises contre les murs, façades ou devantures, sont de même assujettis à l'autorisation municipale.

Cette autorisation fixera les conditions et la durée de l'occupation ou de l'étalage, et imposera, s'il y a lieu, l'obligation de fermer l'entrepôt par une barrière provisoire.

Lesdites occupations sont caractérisées non par le chargement ou le déchargement, mais bien par l'installation des objets ou marchandises à l'état permanent.

La redevance sera toujours payée pour une durée minima de cinq semaines, quel que soit le temps d'occupation.

Les autorisations de cette nature sont consenties pour une durée maxima d'une année renouvelable à l'expiration, à moins d'avertissement contraire soit de l'Administration, soit des intéressés, donné par écrit huit jours d'avance.

L'installation de tables, de bancs ou de caisses de fleurs au devant des cafés ou restaurants, ne pourra être autorisée que pour les établissements situés de plain-pied sur une place ou une promenade et non contigus à la chaussée.

TITRE V

Voirie municipale

(Arrêté du 2 mars 1906)

ARTICLE PREMIER. — Sur toutes les voies ouvertes à la circulation, les portes des habitations, couloirs, cours communes ou allées de traverse, seront, sous la responsabilité des propriétaires et principaux locataires, fermés à clef, tous les jours, à 10 heures du soir au plus tard, de manière à ce qu'aucune personne étrangère ne puisse s'y introduire pendant la nuit.

Art. 2. — Il est fait exception à cette prescription en ce qui concerne les portes de boutique, magasins, hôtels et débits de boissons, à condition qu'elles soient bien éclairées et que ces locaux soient habités.

Art. 3. — Dans l'agglomération, tout terrain bordant une voie publique ou une voie particulière ouverte à la circulation doit être clos d'une manière suffisante.

Art. 4. — Il est défendu de laisser pendant la nuit, dans les rues, places et lieux publics, des pinces, barres de fer, échelles, machines, instruments ou armes dont pourraient se servir les malfaiteurs.

Art. 5. — Il est défendu de stationner, pendant la nuit, sur l'emplacement occupé, place de la Révolution, par les abris fixes ou mobiles et les allées qui les bordent. Exception est faite pour les maraîchers, revendeurs ou leurs employés.

(Arrêté du 12 novembre 1887)

Article unique. — Tout terrain bordant la voie publique doit être pourvu d'une clôture suffisamment élevée et solide pour en défendre l'accès.

Article 6 (du règlement de voirie) modifié

Art. 6 modifié. — Sont exceptés des dispositions prescrites par l'article précédent :

1° Les façades des cabinets d'aisances et des bûchers à claire-voie ; les poulaillers et chenils, pourvu que ces bâtiments soient isolés ou adossés à des murs ; qu'ils n'aient aucune communication avec les autres bâtiments et qu'ils ne servent à aucune autre destination ;

2° Les kiosques, berceaux et treillages de jardins ;

3° Les sablières de comble des hangars et des escaliers extérieurs, les fermetures de ces derniers ne servant pas d'appui à l'escalier, les sablières formant linteaux pour jours d'ateliers établis dans les combles.

Aucune construction de bâtiment, où le bois est toléré, ne devra être entreprise qu'après qu'il en aura été fait la déclaration à la Mairie avec plan à l'appui.

Nota. — L'article 6, qui se rattache au règlement de voirie dont le texte est donné plus haut, indique les bâtiments qui ne doivent pas obligatoirement être construits en matériaux incombustibles. Il fait corps avec l'article 5 du règlement de voirie, lequel édicte, en principe, l'obligation de rendre les bâtiments incombustibles.

CHAPITRE IV

BALAYAGE & ENLÈVEMENT DES IMMONDICES

(Arrêté du 24 novembre 1896)

ARTICLE PREMIER. — Il est interdit de déposer sur les trottoirs, sur les chaussées ou dans les rigoles des rues, quais, places et promenades de la Ville, les immondices provenant de l'intérieur des habitations.

Cette interdiction, qui s'applique aux balayures provenant du nettoiement des boutiques, magasins, entrepôts, etc., est formelle, et aucune dérogation ne pourra y être faite, à quelque heure que ce soit du jour ou de la nuit.

ART. 2. — Le propriétaire de tout immeuble habité sera tenu de faire déposer, chaque matin, soit extérieurement sur le bord du trottoir, ou, s'il n'y a pas de trottoir, sur le revers, le long de la façade, soit intérieurement, en un endroit parfaitement visible et accessible, un ou deux récipients communs, de capacité suffisante pour contenir les ordures ménagères de tous les locataires ou habitants.

Le versement des récipients dans les voitures d'enlèvement sera fait par les soins du boueur.

Les récipients communs devront satisfaire aux conditions suivantes :

Chaque récipient ne pourra avoir une capacité inférieure à 25 décimètres cubes ni supérieure à 80 décimètres cubes ; il ne pèsera pas à vide plus de 10 kilog.

Il devra être en bois peint ou goudronné intérieurement ou de préférence en métal galvanisé. Il sera de forme ronde ou rectangulaire ; dans le premier cas, son diamètre ne sera pas supérieur à 0 m. 40 ; dans le deuxième, il ne pourra avoir plus de 0 m. 40 de largeur sur 0 m. 50 de longueur ; mais dans aucun cas, sa hauteur ne pourra être inférieure à la plus petite des dimensions horizontales. Il sera muni de deux anses ou poignées à sa partie supérieure.

Ces récipients devront être constamment maintenus en bon état d'entretien et de propreté tant intérieurement qu'extérieurement de manière à ne répandre aucune mauvaise odeur quand ils seront vides.

Ils seront mis à la disposition des locataires par les propriétaires, tous les matins avait le passage du boueur.

ART. 3. — Les récipients devront être déposés sur la voie publique avant l'heure réglementaire de l'enlèvement qui commencera à 7 heures du matin pour être terminé à 8 heures 1/2 en été, c'est-à-dire du 1er avril au 30 septembre, et à 8 heures pour finir à 9 heures 1/2 en hiver, c'est-à-dire du 1er octobre au 31 mars.

Ils seront remis à l'intérieur de l'immeuble un quart d'heure au plus tard après le passage des voitures d'enlèvement.

ART. 4. — Sous réserve des exceptions prévues ci-après, aux articles 5 et 6, il est interdit aux habitants de verser leurs résidus de ménage ailleurs que dans les voitures d'enlèvement des immondices ou dans les récipients affectés à ce service.

ART. 5. — Il est interdit de verser dans les voitures d'enlèvement ou dans les récipients, les résidus qui font partie de l'une des quatre catégories suivantes et que les particuliers sont tenus de faire enlever à leurs frais, savoir :

1° Les terres, gravois, débris de toute nature, provenant de l'exécution de travaux quelconques ou de l'entretien des cours et jardins.

2° Les résidus et déchets de toute nature provenant de l'exercice de commerce ou d'industrie quelconques.

3° Les cendres et scories provenant des ateliers de construction, usines, manufactures, etc., possédant une machine à vapeur, des forges ou des fourneaux.

4° Les marcs de toutes sortes.

Art. 6. — Il est interdit également de mélanger avec les détritus de ménage les objets suivants dont l'enlèvement est fait par le boueur, mais qui doivent être déposés dans des récipients spéciaux, savoir :

Les débris de vaisselle, verre, poterie, etc., provenant des ménages et les écailles d'huitres.

Art. 7. — Il est interdit aux chiffonniers de répandre sur la voie publique les ordures contenues dans les récipients mis en dépôt sur les trottoirs.

Art. 8. — Dans le cas où des cours, passages, impasses, ayant le caractère de propriétés privées aboutiraient sur des rues dans lesquelles l'enlèvement des immondices est imposé aux boueurs, les prescriptions du présent arrêté seront applicables aux immeubles qui bordent ces voies, mais les récipients seront alors déposés sur la voie publique aux débouchés de ces propriétés.

Art. 9. — Le balayage journalier des rues s'effectuera comme par le passé et les habitants continueront à réunir en tas, sur la chaussée le long des bordures des trottoirs ou au milieu des ruisseaux, les boues, poussières ou immondices résultant du balayage qu'ils sont tenus d'exécuter devant leurs maisons.

Art. 10. — Sont formellement interdits sur les voies de tramways :

1° Le stationnement des voitures attelées, chargées ou à vide, et de toutes voitures à bras.

2° Les dépôts des marchandises en charge et en décharge, les dépôts de matériaux de toutes sortes, et, en un mot, de tous objets susceptibles d'entraver la libre circulation des voitures-tramways.

Les voitures ne pourront stationner que sur le côté de la rue opposé à la voie des tramways.

Art. 11. — Il est formellement interdit de déposer et de façonner le bois de chauffage dans les rues de la Ville et de la banlieue désignées au § 1er ; les bois en bûches ou façonnés seront pris sur les voitures de transport pour être rentrés dans l'intérieur des habitations.

Art. 12. — Les contraventions seront constatées par des procès-verbaux et les contrevenants poursuivis devant les tribunaux compétents.

Art 13. — Les arrêtés des 20 octobre 1885 et 1ᵉʳ octobre 1889 sont maintenus dans tout ce qui n'est pas contraire aux dispositions qui précèdent.

Art. 14. — Le présent arrêté sera publié, affiché et inséré dans les journaux de la localité après avoir été soumis à l'appréciation de M. le Préfet. (L'approbation de M. le Préfet date du 30 novembre 1896).

CHAPITRE V

RÈGLEMENT SANITAIRE

Dispositions applicables dans le rayon de l'agglomération urbaine

(20 février 1907)

TITRE PREMIER

SALUBRITÉ

Règles générales de salubrité des habitations

ARTICLE PREMIER. — Les habitations seront éclairées et aérées largement. Leurs revêtements intérieurs et extérieurs et leurs dépendances seront maintenues en état de propreté parfaite. Elles seront munies de moyens d'évacuation des eaux pluviales, des eaux ménagères et des matières usées.

Pièces destinées à l'habitation

Art. 2.— L'article 2 du règlement du 20 février 1907 est modifié comme suit :

Toute pièce pouvant servir à l'habitation, soit de jour, soit de nuit, c'est-à-dire toute pièce dans laquelle le séjour peut être habituel de jour ou de nuit, aura une capacité totale minima de 25 mètres cubes et une capacité d'au moins 15 mètres cubes par personne. Les ouvertures, portes et fenêtres, seront disposées, autant que possible, sur deux faces différentes au moins, pour assurer une bonne ventilation.

Elle sera aérée et éclairée directement, sur rue ou sur cour, par une ou plusieurs baies. L'ensemble de celles-ci présentera une surface d'au moins 2 mètres carrés et au moins 1/30 de mètre carré en plus par chaque mètre cube de capacité excédant les 30 premiers mètres cubes.

Cette proportion de 1/30 pourra être abaissée à 1/40 pour les pièces habitables de l'étage le plus élevé, avec minimum de 1 mq. 70 jusqu'à 30 mètres cubes.

Les pièces à usage exclusif de cuisine, c'est-à-dire servant uniquement à la préparation des aliments et au lavage de la vaisselle, ne seront pas assujetties au minimum de capacité indiqué au paragraphe I du présent article, mais elles devront être éclairées et aérées conformément aux paragraphes 2 et 3.

Art. 3. — Les jours de souffrance ne pourront jamais être considérés comme baies d'aération.

Caves

Art. 4. — Les caves ne pourront servir à l'habitation de jour ou de nuit. Elles seront toujours ventilées par des soupiraux communiquant avec l'air extérieur.

Il est interdit d'ouvrir une porte ou trappe de communication avec une cave dans une pièce destinée à l'habitation de nuit.

Sous-sols

Art. 5. — Les sous-sols destinés à l'habitation de jour auront chacune de leurs pièces aérée et éclairée au moyen de baies ouvrant sur rue ou sur cour et ayant les dimensions indiquées à l'art. 2. L'habitation de nuit est interdite dans les sous-sols.

Rez-de-chaussée et étages

Art. 6. — Le sol et les murs des locaux du rez-de-chaussée seront séparés des caves ou terre-pleins par une couche isolante imperméable placée en contre haut du sol extérieur.

Art. 7. — Dans les bâtiments, de quelque nature qu'ils soient, destinés à l'habitation de jour ou de nuit, la hauteur des pièces ne sera pas inférieure aux dimensions suivantes, mesurées sous le plafond : 2 m. 60 pour le sous-sol, 2 m. 80 pour le rez-de-chaussée et l'étage situé immédiatement au-dessus, 2 m. 60 pour les autres étages. La profondeur des pièces habitées ne pourra dépasser le double de la hauteur de l'étage.

Art. 8. — A l'étage le plus élevé du bâtiment, la hauteur minimum de 2 m. 60 sera mesurée à la partie la plus haute du rampant.

Toute chambre lambrissée aura au moins une largeur de plafond horizontale de 2 mètres sur la longueur de la pièce. La partie lambrissée comprendra une couche de matériaux protégeant l'occupant, autant que possible, contre les variations atmosphériques.

Hauteur des maisons

Ar. 9. — La hauteur des façades, mesurée sur le point milieu de la façade, entre le niveau du trottoir ou le revers du pavé au pied de cette façade et le dessus de la corniche, n'excédera pas les dimensions suivantes, en rapport avec la largeur réglementaire de la voie :

Voies de moins de 12 mètres : hauteur de 5 mètres, augmentée d'une dimension égale à la largeur de la voie.

Voies de 12 à 15 mètres : hauteur de 18 mètres.

Voies de 15 mètres et au-dessus, y compris places et quais : hauteur de 20 mètres.

Pour le calcul de la cote de hauteur, toute fraction de mètre de voie sera comptée pour 1 mètre.

Les voies publiques et privées qui seront désormais créées n'auront pas moins de 10 mètres de largeur.

La hauteur des façades des bâtiments à établir en bordure des vois privées à l'usage collectif sera déterminée d'après la largeur de ces voies, conformément aux règles fixées ci-dessus pour les bâtiments en bordure sur les voies publiques.

Art. 10. — Lorsque les voies sont en pente, la façade des bâtiments en bordure sera divisée, pour le calcul de la hauteur, en section ne pouvant dépasser 30 m. La cote de hauteur de chaque section sera prise au point milieu de chacune d'elles.

Art. 11. — Pour les bâtiments compris entre des voies d'inégales largeurs ou de niveaux différents, la hauteur de chacune des façades sur rue ne pourra dépasser celle qui est fixée en raison de la largeur ou du niveau de la voie sur laquelle elle s'élève.

A l'angle de deux rues d'inégales largeurs, la hauteur sera, pour la rue la plus étroite, celle fixée pour la plus large, sans que la longueur de la façade ainsi élevée sur la voie la plus étroite puisse excéder une fois et demie la largeur de cette voie.

Cours et Courettes

ART. 12. — Les cours sur lesquelles prennent jour et air des pièces pouvant servir à l'habitation soit de jour, soit de nuit, auront une surface d'au moins 30 mètres carrés.

ART. 13. — Les cours, dites courettes, sur lesquelles sont exclusivement aérées et éclairées des pièces qui ne peuvent êtres destinées à l'habitation, auront une surface de 15 mètres carrés au moins.

ART. 14. — Il est interdit de placer des combles vitrés au-dessus des cours ou des courettes, à moins qu'il ne soit établi à la partie supérieure de ces cours et courettes, ainsi qu'à leur partie inférieure, des prises d'air assurant une ventilation efficace dans toute la hauteur.

ART. 15. — Les vues directes prises dans l'axe de chaque baie des pièces servant à l'habitation de jour et de nuit, donnant sur des cours, ne seront pas inférieures à 4 mètres.

ART. 16. — Au dernier étage des bâtiments, les pièces servant à l'habitation de jour et de nuit peuvent exceptionnellement prendre jour et air sur des courettes.

Escaliers

ART. 17. — Les escaliers seront aérés et éclairés dans toutes leurs parties.

Chauffage

ART. 18. — Pour toute pièce habitable contenant une cheminée, celle-ci sera pourvue d'une prise d'air d'amenée de l'extérieur.

ART. 19. — Les fourneaux de cuisine, fixes ou mobiles, brûlant du bois, du charbon, du coke, du gaz ou des combustibles liquides, seront surmontés d'une hotte raccordée à un conduit de fumée. Dans le cas contraire, ils devront être efficacement ventilés. Les clefs destinées à régler le tirage de ces conduits de fumée ne pourront jamais être installés de façon à fermer complètement la section de ces conduits.

ART. 20. — Les tuyaux de fumée s'élèveront à un mètre au moins au-dessus de la partie la plus élevée de la construction.

Art. 21. — Les prises d'air des calorifères ne pourront se faire qu'à l'extérieur.

Art. 22. — Les appareils de chauffage seront construits et installés de telle sorte qu'il ne s'en dégage, à l'intérieur des pièces habitables, ni fumée ni aucun gaz pouvant compromettre la santé des habitants.

Alimentation d'eau

Art. 23. — Dans les agglomérations pourvues d'une distribution publique d'eau potable, les habitations en bordure des rues parcourues par une canalisation lui seront reliés par un branchement spécial. Celui-ci desservira autant que possible les différents étages en cas de locations multiples de ces immeubles, ou tout au moins l'usage de l'eau potable sera assuré à tous les locataires.

Nota. — Cet article qui semble imposer l'obligation de prendre un abonnement aux eaux de la Ville nous paraît illégal. (Opinion personnelle).

Art. 24. — Tout appareil de puisage ou de prise d'eau sera établi de telle sorte qu'il ne devienne une cause d'humidité pour la construction.

Art. 25. — Dans les points où il n'existe point de canalisation d'eau, les puits ou citernes pourront être utilisés après avis de l'Administration, qui s'assurera de la salubrité de l'eau par les moyens qu'elle jugera utiles et de l'isolement du puits par rapport aux cabinets d'aisances, fosses à fumier, dépôts d'immondices, etc., etc.

Art. 26. — Les parois des puits seront étanches. Ils seront fermés à leur orifice et protégés contre toute infiltration d'eaux superficielles par l'établissement d'une aire en maçonnerie bétonnée, large d'environ 2 mètres, hermétiquement rejointe aux parois des puits et légèrement inclinée du centre vers la périphérie.

Art. 27. — Les puits seront tenus en état constant de propreté. Il sera procédé, en outre, à leur nettoyage ou à leur désinfection, sur injonction du Maire, après avis conforme du bureau d'hygiène ou de l'autorité sanitaire, dans les conditions prévues à l'article 12 de la loi du 15 février 1902.

Art. 28. — Les puits hors d'usage seront fermés et ceux dont l'usage est interdit à titre définitif seront comblés jusqu'au niveau du sol.

Evacuation des eaux pluviales

Art. 29. — Tout versant de toit faisant face à la voie publique devra être muni d'un chéneau et de tuyaux de descente en nombre suffisant pour conduire les eaux pluviales dans les gargouilles pour les rues non pourvues d'égout.

Des chéneaux et gouttières étanches, de dimensions appropriées, recevront les eaux pluviales à la partie basse des couvertures, de façon à les diriger rapidement, sans stagnation, vers les orifices des tuyaux de descente.

Art. 30. — Il est interdit de projeter des eaux usées, de quelque nature qu'elles soient, dans les chéneaux et gouttières.

Art. 31. — Dans les maisons en bordure des rues munies d'égouts, le sol des cours et courettes sera revêtu en matériaux imperméables, avec des pentes convenablement réglées pour diriger les eaux pluviales sur les orifices d'évacuation (entrées d'eau).

Les entrées seront munies d'une occlusion hermétique et permanente et raccordées sur les conduits d'évacuation.

Evacuation des eaux et matières usées

Art. 32. — Dans toute maison il y aura, par appartement, quelle qu'en soit l'importance, à partir de trois pièces habitables (non compris la cuisine), un cabinet d'aisances installé dans un local aéré et éclairé directement.

Un évier ou un poste d'eau sera annexé à ce cabinet toutes les fois que la canalisation le permettra.

Cet évier ou ce poste d'eau comportera un robinet d'amenée pour l'eau de lavage et un vidoir pour l'évacuation des eaux usées.

Art. 33. — Il sera établi, également dans les mêmes conditions, pour le service des pièces habitables louées isolément ou par groupe de deux, un cabinet d'aisances par cinq pièces habitables, et un poste d'eau, autant que possible, par dix pièces habitables.

ART. 34. — Dans les établissements à usage collectif, le nombre des cabinets d'aisances sera déterminé en prenant pour base le nombre des personnes appelées à faire usage des cabinets et la durée du séjour de ces personnes dans lesdits établissements, sans qu'il puisse y avoir moins d'un cabinet pour 20 usagers. Les sièges fixes en bois sont interdits.

ART. 35. — Les cabinets d'aisances seront munis de revêtements lisses et imperméables, susceptibles d'être facilement lavées ou blanchis à la chaux. Ils seront suffisamment éclairés ou aérés ; leur baie d'aération sera installée de telle sorte qu'elle puisse rester ouverte en permanence.

ART. 36. — Les cabinets d'aisances installés dans les maisons ne communiqueront directement ni avec les chambres à coucher ni avec les cuisines. En aucun cas ils n'y prendront air ni lumière.

ART. 37. — Les fosses d'aisances devront être rigoureusement étanches et les cabinets qui s'y déversent seront munis d'un système de cuvette en porcelaine ou grès vernissé ou fonte émaillée, assurant une occlusion inodore.

Les cabinets seront tenus dans un état constant de propreté. Les fosses seront munies d'un tuyau de ventilation de 0^m20 de diamètre.

Si, pour une cause quelconque, la vidange d'une fosse d'aisance est jugée nécessaire, soit parce qu'elle ne paraît pas remplir les conditions réglementaires, soit pour toute autre cause, le propriétaire sera mis en demeure de faire exécuter le travail nécessaire dans un délai qui sera fixé par l'Administration. Faute par lui de se conformer à cette prescription, le travail sera fait à ses frais par les soins de l'Administration, sans préjudice des frais auxquels il pourra s'exposer par suite des contraventions qui pourront être relevées contre lui pour infraction au présent règlement.

Lorsque la désinfection de la fosse d'aisances sera reconnue nécessaire par le Bureau d'hygiène, ce travail devra être effectué sans délai par le propriétaire.

ART. 38. — Les conduits et canalisations destinés à recevoir les matières des cabinets d'aisances auront leurs revêtements intérieurs lisses, imperméables. Ils seront installés de telle sorte qu'aucune matière n'y puisse séjourner. Les joints seront hermétiques.

Les canalisations seront munies de tuyaux dits d'évent. Ceux-ci seront prolongés au-dessus des parties les plus élevées de la construction ; ils seront établis de manière à ne jamais déboucher soit au-dessous, soit à proximité des fenêtres ou des réservoirs d'eau.

ART. 39. — Il est interdit de déverser directement ou indirectement, dans les cours d'eau, aucune matière excrémentitielle, ou toute autre manière qui, soit par elle-même, soit par sa décomposition ou son action sur l'eau, peut produire des gaz délétères ou mal odorants.

ART. 40. — Tous ouvrages appelés à recevoir des matières usées, avec ou sans mélange d'eaux pluviales, d'eaux ménagères ou de tous autres liquides, tels qu'égouts, conduits, tinettes, fosses, puisards, etc., auront leurs revêtements intérieurs lisses et imperméables.

Leurs dimensions seront proportionnées au volume des matières qu'ils reçoivent. Leurs communications avec l'extérieur seront établies de telle sorte qu'aucun reflux de liquides, de matières ou de gaz nocifs ne puisse se produire dans l'intérieur des habitations.

ART. 41. — Il est interdit de jeter dans les ouvrages destinés à la réception ou à l'évacuation des eaux pluviales, des eaux ménagères et des matières usées, des objets quelconques capables de les obstruer.

ART. 42. — Les puits et puisards sont interdits dans les rues où il existe un égout.

ART. 43. — Lorsque des étables ou écuries seront adossés à un mur mitoyen, celui-ci devra être garanti par un contre-mur en maçonnerie imperméable ayant au moins 0^m30 d'épaisseur et 0^m70 dehors du sol, avec fondation de 0^m30. Les fosses à fumier ou d'aisances seront également pourvues de contre-murs adossés aux murs mitoyens dans les mêmes conditions d'épaisseur et de fondation.

Il est défendu d'établir des fumiers ou dépôts d'immondices à ciel ouvert à moins de 15 mètres d'une habitation. Ces dépôts ne devront s'opérer que dans des fosses étanches.

Ces dernières, si elles sont établies à moins de 15 mètres d'une habitation, devront être voûtées et munies d'un tuyau d'évent de hauteur suffisante et de 0^{m}20 de diamètre.

Nulle porte de sortie, nul jour direct sur la voie publique ne sont permis pour les places à fumier et les cabinets d'aisances.

Les fumiers et purins seront enlevés tous les deux jours pour les écuries renfermant plusieurs chevaux et tous les huit jours lorsqu'il n'existe qu'un cheval dans l'écurie.

Les fumiers ne devront pas recevoir d'excréments humains, ni laisser s'écouler le purin, ni servir à l'enfouissement d'animaux ou de parties d'animaux morts. morts.

Entretien des habitations

ART. 44. — Les façades sur rue, sur cour ou sur courette seront maintenues en état de propreté, ainsi que le sol des cours et courettes.

Les parois des allées, vestibules, escaliers et couloirs à usage commun seront lessivés et blanchis à la chaux au moins tous les cinq ans.

Les murs, les plafonds et les boiseries des cabinets d'aisances à usage commun seront lessivés ou blanchis à la chaux chaque année.

Les façades en pierre de taille seront nettoyées. Les anciennes en moellons seront crépies, repeints ou badigeonnées au moins une fois tous les dix ans. Ces travaux ne seront pas taxés de droits de voirie.

TITRE II

PROPHYLAXIE DES MALADIES TRANSMISSIBLES

Désinfection

ART. 51. — Il est interdit de déverser aucune déjection ou excrétion (crachats, matières fécales, etc.), provenant d'un malade atteint d'une affection transmissible, sur les voies publiques ou privées, dans les cours, dans les jardins et sur les fumiers.

Ces déjections ou excrétions seront recueillies dans des vases spéciaux ; elles seront désinfectées et exclusivement projetées dans les cabinets d'aisances.

ART. 52. — Pendant toute la durée d'une maladie transmissible, les objets à usage personnel ou domestique du malade et des personnes qui l'assistent, de même que les objets contaminés ou souillés, seront désinfectés.

ART. 53. — Il est interdit de jeter, secouer ou exposer aux fenêtres aucun linge, vêtement, objet de literie, tapis ou tenture.

ART. 54. — Le nettoyage de la pièce ou des objets qui la garnissent se fera exclusivement, pendant toute la durée de la maladie, à l'aide de linges, étoffes, tissus ou substances imprégnées de liquides antiseptiques.

ART. 55. — Il est interdit d'envoyer, sans désinfection préalable, aux lavoirs publics ou privés ou aux blanchisseries, des linges et effets à usage, contaminés ou souillés.

Dans le cas où le lavage de ces objets y aurait été néanmoins pratiqué, le propriétaire du lavoir ou de la blanchisserie tiendra l'établissement fermé jusqu'à ce que l'assainissement et la désinfection prescrits par l'autorité sanitaire aient été effectués.

Il est également interdit de livrer sans désinfection préalable, au cardage, des matelas, literies ou couvertures ayant servi à des malades atteints de maladies transmissibles.

ART. 56. — Les locaux occupés par le malade seront désinfectés aussitôt après son transport en dehors de son domicile, sa guérison ou son décès.

L'exécution de cette prescription pourra être constatée par un certificat délivré aux intéressés sur leur demande. Ce certificat ne mentionnera ni le nom du malade ni la nature de la maladie : il désignera les locaux désinfectés.

Procédés de désinfection

ART. 60. — La désinfection sera pratiquée, soit par les services publics, soit par les particuliers, dans les conditions prescrites par l'article 7 de la loi du 15 février 1902, notamment en ce qui concerne l'approbation préalable des procédés par le Ministre de l'Intérieur.

Art. 61. — Les appareils de désinfection employés
dans la commune à la désinfection obligatoire sont
soumis à une surveillance permanente exercée par le
Bureau d'hygiène.

L'emploi de ces appareils sera suspendu, à titre
temporaire ou définitif, s'il est établi qu'ils ne fonc-
tionnent plus dans les conditions prévues par le certi-
cat de mise en service, ou que les détériorations constatées ne permettent plus leur fonctionnement normal.

Dispositions applicables en dehors du rayon d'agglomération

Habitations

Art. 63. — Dans les constructions neuves, les
parois, construites en pierre ou en brique, seront
enduites ou tout au moins badigeonnées à l'intérieur à
la chaux. Les constructions en pisé ne pourront être
élevées que sur une fondation hourdée en chaux
hydraulique jusqu'à 30 centimètres au-dessus du sol.

Art. 64. — La couverture et la sous-couverture à
paille des maisons, granges, écuries et étables sont
interdites.

Art. 65. — Le sol du rez-de-chaussée, s'il n'est pas
établi sur caves, devra être surélevé de 30 centimètres
au moins au-dessus du niveau extérieur ; quand il
repose immédiatement sur terre-plein, le dallage, le
carrelage ou le parquet devra être placé sur une couche
de beton imperméable. Le sol en terre battu est
interdit.

Cuisines

Art. 66. — La cuisine, pièce commune, doit être
largement pourvue d'espace, d'air et de lumière.

Tout foyer de cuisine doit être placé sous une hotte
munie d'un tuyau de fumée montant d'un mètre au
moins au-dessus de la partie la plus élevée de la construction.

La cuisine sera munie d'un évier.

Il est interdit d'envoyer les eaux de lavage sur la
voie publique.

Chambre à coucher

Art. 67. — Toute pièce servant à l'habitation de jour
et de nuit sera bien éclairée et ventilée. Elle sera haute

au moins de 2 m. 60 sous plafond et d'une capacité
d' au moins 25 mètres cubes. Les fenêtres ne mesureront pas moins d'un mètre et demi superficiel.

ART. 68. — Les cheminées, fours et appareils quelconques de chauffage seront aménagés de façon à ce
qu'il ne s'en dégage à l'intérieur de l'habitation ni
fumée. ni gaz toxique, et seront pourvus de tuyaux
de fumée élevés d'un mètre au moins du faîte de la
maison.

ART. 69. — L'habitation de nuit est interdite dans
les caves et sous-sols.

Il est interdit d'ouvrir une porte ou une trappe de
communication avec une cave dans une pièce destinée
à l'habitation de nuit.

Eaux d'alimentation

ART. 70. — Les sources seront captées soigneuse-
ment et couvertes.

ART. 71. — Les puits ou citernes pourront être
utilisés après avis de l'Administration, qui s'assurera
de la salubrité de l'eau par les moyens qu'elle jugera
utiles et de l'isolement du puits par rapport aux cabinets d'aisances, fosses à fumier, dépôts d'immondices, etc.

ART. 72.— Les citernes destinées à recueillir l'eau de
pluie seront étanches et voûtées. La voûte sera munie
à son sommet d'une baie d'aérage ; on ne devra pratiquer aucune culture sur la voûte. Le niveau d'eau
sera maintenu à une hauteur convenable par un trop
plein. Les citernes seront munies d'une pompe ou d'un
robinet. Elles seront précédées d'un citerneau destiné
à arrêter les corps étrangers, terre, gravier, etc.

ART. 73. — Le plomb est exclu des réservoirs destinés à l'eau potable.

Ecuries et étables

ART. 74. — Le sol des écuries et étables devra être
rendu imperméable dans la partie qui reçoit les urines;
celles-ci devront s'écouler, par une rigole ayant une
pente suffisante, dans un puisard étanche et sans
écoulement sur le sol extérieur.

Les murs des écuries et étables seront blanchis à la chaux. La hauteur sous plafond des écuries destinées aux espèces chevaline et bovine, sera au moins de 2 m. 60.

Elles seront bien aérées.

Les vaches laitières doivent être proprement tenues. Il est interdit de les laisser traire par des personnes ayant des plaies ou éruptions aux mains. La même interdiction est faite aux personnes appelées à donner des soins à un malade atteint d'une affection contagieuse ou transmissible. Les récipients à lait seront nettoyés avec de l'eau de bonne qualité et entretenus dans le plus grand état de propreté.

Celliers, pressoirs et cuvages

ART. 75. — Les celliers, pressoirs et cuvages seront bien éclairés et aérés.

Fosses à fumier et à purin

ART. 76. — Les fumiers seront déposés sur un sol imperméable entouré d'un rebord également imperméable.

Les fosses à purin posséderont des parois et un fond étanche, bétonnés et cimentés.

Les fosses à fumier et à purin seront placés à une distance convenable des habitations.

Les fosses à purin dont l'insalubrité serait constatée par la commission sanitaire seront supprimées.

Les fosses à fumier et fosses à purin ne devront pas recevoir d'excréments humains et ne laisseront pas s'écouler autour d'elles leur contenu.

Cabinets et fosses d'aisances

ART. 79. — Les cabinets et fosses d'aisances seront établis à une distance convenable des sources, puits et citernes.

L'Administration municipale sera juge dans chaque cas.

Désinfection

ART. 83. — Il est interdit de déverser aucune déjection (crachats, matières fécales, matières vomies, etc.) provenant d'un malade atteint d'une maladie transmissible, sur le sol des voies publiques ou privées, des cours, des jardins, sur les fumiers et dans les cours d'eau.

Ces déjections, recueillies dans des vases spéciaux, seront enterrées profondément, mais seulement après avoir été désinfectées à la chaux vive.

ART. 84. — Pendant toute la durée d'une maladie transmissible, les objets à usage personnel du malade et des personnes qui l'assistent, de même que tous les objets contaminés ou souillés, seront désinfectés.

Les linges et effets à usage contaminés ou souillés seront désinfectés avant d'être lavés et blanchis. L'immersion, pendant un quart d'heure, des linges dans l'eau en ébullition, constitue un bon procédé de désinfection.

ART. 85. — Les locaux occupés par le malade seront désinfectés après sa guérison ou son décès.

ART. 86. — Lorsque le malade sera guéri, il ne sortira qu'après avoir pris les précautions convenables de propreté et de désinfection. Les enfants ne pourront être réadmis à l'école qu'après un avis favorable du médecin traitant ou du médecin inspecteur de l'école.

Dispositions générales applicables sur tout le territoire de la commune

ART. 90. — A dater de la publication du présent règlement, aucun immeuble destiné à l'habitation de jour ou de nuit ne pourra être construit s'il ne satisfait pas aux prescriptions qui précèdent.

Les mêmes prescriptions sont applicables aux grosses réparations.

Les propriétaires, architectes ou entrepreneurs présenteront à cet effet, et avant tout commencement des travaux, une demande en autorisation de construire. Cette demande sera accompagnée des plans, coupes et élévations cotés, en double expédition et en nombre suffisant pour donner des indications précises au sujet de toutes les dispositions imposées par le présent règlement.

Aucune construction annexe, quelle qu'en soit

l'importance, ne pourra être élevée au joignant ou aux abords d'une maison existante sans l'accomplissement des formalités ci-dessus.

Aucune modification aux plans soumis ne pourra être apportée en cours de construction sans une nouvelle autorisation de l'administration.

Après l'achèvement de la construction, le propriétaire, l'architecte ou l'entrepreneur sera tenu de demander qu'il soit procédé à la vérification desdits travaux. Si les agents de l'administration constataient que les ouvrages n'ont pas été exécutés en conformité des plans autorisés et contrairement aux prescriptions du règlement, l'interdiction d'habiter sera prescrite jusqu'au jour où les modifications nécessaires auront été apportées à la construction.

TABLE DES MATIÈRES

www.ingramcontent.com/pod-product-compliance
Lightning Source LLC
Chambersburg PA
CBHW060445210326
41520CB00015B/3853